Jonathan Byron's

DIE WELT IN 60 MINUTEN

MARC GORDON

EINFACHER LEBEN

in 60 Minuten

THIELE VERLAG

Inhalt

Für meine Kinder
Prüft, ob es stimmt!

Intro:

Ein gutes Maß finden

Keine Angst. Sie müssen Ihre Schränke nicht ausräumen! Nach der Lektüre dieses Büchleins werden Sie sich auch nicht bemüßigt fühlen, liebgewonnene Dinge zu verkaufen oder zu verschenken. Sie müssen nicht auf Hobbies verzichten, keine Urlaube streichen und dürfen weiterhin auch mal sehr aufwändig im Fünf-Sterne-Restaurant essen gehen. Ein Shoppingbummel ist ebenfalls erlaubt, und wenn ihr Sportwagen Ihnen ans Herz gewachsen ist: Bitte behalten sie ihn!

Weniger ist mehr

Weniger ist mehr. Mit solchen philosophischen Floskeln setzt uns eine ganze Industrie von weisen Menschen unter Druck und verlangt – schlauen Blicks – allen Ernstes, dass wir unsere Schubladen aufräumen, unseren Freundeskreis verkleinern (auf die wesentlichen Kontakte!) und schöne Fernreisen gar nicht erst andenken. Diese Forderungen und Vorschläge sind ebenso maßlos wie das Leben eines reinen Materialisten, der ohne wöchentliche Shoppingtour in ein Tal der Tränen stürzt oder eines Hyperkommunizierenden, der unentwegt schaut, ob ihm nicht doch gerade eine brandaktuelle Neuigkeit entgeht.

Weder im einfachen, spartanischen, asketischen Leben noch im aufgeblasenen Konsumismus oder der Nonstop-Kommunikation muss Glück liegen. Wenig kann auch zu wenig sein, um das Gefühl von Zufriedenheit zu leben. Immer noch mehr Eigentum, Ablenkung, Information führt aber ebenfalls mit ziemlicher Sicherheit in Unzufriedenheit, Überforderung und Krankheit.

Reisen Sie also mit mir eine Stunde durch unser Leben in einem vermeintlich modernen Jahrhundert und lassen Sie uns gemeinsam herausfinden, wo unser Dasein unnötig kompliziert ist und wo mit ein paar gut überlegten Änderungen sowie der Anwendung einfacher Regeln riesige Potenziale für mehr Ausgeglichenheit, Zufriedenheit, Glück und Gesundheit liegen.

Alles was Sie hier lesen, ist erprobt, hat seine Feuertaufen in vielen glücklichen Lebensläufen bestanden und bewährt sich gerade in diesem Moment. Ich möchte Ihnen ganz persönlich eines wünschen: alles Glück!

Wie wäre es mit Qualität?

»Kinder, wir sind zu arm, um uns das Billigste zu kaufen.« Mit diesem Satz ist humorvoll umschrieben, was mit *Lessness*, dem modernen Gegentrend zum »Immer mehr« gemeint ist: mehr haltbare Qualität statt Quantität.

Also: Nicht Verzichtsleistungen sind gefragt, sondern gute Entscheidungen für das Richtige. Das gilt ganz sicher für Konsumentscheidungen: Eigentlich weiß doch jeder, dass billigste Güter meist nicht lange einwandfrei funktionieren, dass allergünstigste Nahrung nicht von glücklichen Tieren oder einem Biobauernhof stammen können und dass nicht jeder Urlaub massive Freude versprüht.

Aber: Unter dem Einfluss aggressiver Werbung, aus Statusgründen und stets in der Hoffnung auf ein gutes Erlebnis treffen wir alle immer wieder die unvernünftige Entscheidung für Menge und gegen echte Qualität.

Qualität statt Quantität

Es geht im »einfacheren Leben« aber immer um Qualität. Wenn man sein Leben entschlacken, sein Zeitbudget verbessern und die Kasse nicht weiter überlasten will, dann sind bessere Entscheidungen für Qualität unumgänglich. Es geht nicht um »noch mehr«, sondern um »viel besser«!

Stimmt es denn wirklich, dass viel Besitz nicht unbedingt glücklicher macht? Oder ist das nicht ein Lehrsatz für diejenigen, die sich vor sich selber für ihren fehlenden Erfolg entschuldigen wollen? Wer in eines der reichsten Länder der Welt schaut, wird überrascht sein: Die US-Amerikaner haben im Durchschnitt ein deutlich höheres Pro-Kopf-Einkommen als die Westeuropäer. Das Land ist – trotz vieler sozialer Probleme – wirklich reich. Es gibt für einen Großteil der Bevölkerung große Häuser, Autos mit beachtlichem Hubraum und viel PS und preiswerte Nahrung in Hülle und Fülle. Aber: Die Pro-Kopf-Verschuldung jedes einzelnen Bürgers ist dennoch höher als die in Westeuropa. Man will also über seine »Verhältnisse« hinaus weiter konsumieren. Das Erschreckende: Der aufwändig international erhobene Glücksindex besagt, dass die Amerikaner sich als unglücklicher empfinden als die Westeuropäer. Diese wiederum stehen aber auch nicht ganz oben auf der Glücksleiter, trotz recht guter materieller Versorgung. Das macht doch nachdenklich und fordert zum genauen Hinschauen auf!

»Immer mehr« wird »Zuviel«

Glück in immer mehr Besitz zu suchen, scheint keine Lösung zu sein. Wer sich anschaut, wie das TV-Programm zum Beispiel in den USA strukturiert ist, kann auch die These wagen: Mehr Unterhaltung als Zeitvertreib (mit sehr viel werblicher Motivation zu noch mehr Konsum) scheint auch keine gute Lösung zu sein. Manche Autoren schreiben sogar von einer »konsumsüchtigen Gesellschaft«, die auf allen Ebenen mit einem »Zuviel« kämpfen muss: zu viel Ablenkung und Freizeit, zu viel Arbeit und Stress und zu viel Nahrung und Übergewicht. Das Ganze sei noch garniert von einer 24 Stunden-Verpflichtung zur Erreichbarkeit und dem Glauben, immer alles wissen zu müssen, was »so gerade passiert.« Wer heute kundtut, dass er eine Woche mal ohne Handy gelebt hat, lenkt auf der

Cocktailparty alle Blicke auf sich, gerade so als würde er ankündigen, in einen Trappistenorden eintreten zu wollen.

Der Schlüssel zur Lösung

Ob Überkonsum oder Hyperkommunikation – eines ist absolut sicher: »Immer mehr« führt zu einem »Zuviel«. Was wie eine Binsenweisheit klingt, ist der Schlüssel zur Lösung. Ein einfacheres Leben, das uns glücklicher machen soll, braucht Strategien der Wahl, des gelegentlichen Verzichts, des gezielten Austauschs von Überflüssigem gegen Sinnstiftendes. Und: Wer sich auf ein einfacheres Leben besinnen möchte, der braucht den Mut, hier und da weniger eitel zu sein, auf oberflächlichen Status zu verzichten und die Kraft, ein paar Dinge schlichtweg von Grund auf neu zu denken.

Vor allem braucht ein einfacheres Leben eine kritische Grundhaltung gegenüber dem, »was man so macht«, »was alle machen«, »was gerade Mode ist« und »was man unbedingt erlebt haben muss.«

»Hallo Marc, warst du eigentlich schon bei den Maoris in Neuseeland?«, fragte mich ein Freund und fügte hinzu: »Das musst du gesehen haben, sonst verpasst du was.« Meine Antwort: »Ich möchte nicht achtundvierzig Stunden lang nach Neuseeland reisen.« Mein Freund: »Du weißt gar nicht, was dir da entgeht.«

Sachlich hat mein Freund recht: Ich weiß nicht exakt, was mir entgeht, wenn ich ein bestimmtes Erlebnis nicht persönlich gehabt habe.

Aber: Das ist unser Schicksal! Wir werden die überwiegende Anzahl von Dingen nicht erleben können und die meisten Produkte nicht besitzen und auch nur einen winzigen Bruchteil der Bevölkerung auf diesem Planeten persönlich kennenlernen. Wir werden nicht mehr als ein paar Sprachen sprechen, nicht mehr als ein oder zwei Instrumente (bestenfalls!) spielen lernen und auch nur einige wenige Sportarten zu einer mäßigen Qualifikation führen können. Wer das nicht einsieht und unentwegt »mehr« will, zeigt nicht Neugierde, sondern Naivität, die *per defi-*

nitionem immer an der Oberfläche eines Themas bleiben muss.

Haben Sie auch Freunde, die bei einem »unglaublich weisen Guru« einen Yoga-Kurs belegen, die sich mit speziellen Vitaminkuren aufzuputschen versuchen, die extrem aufwändige Reisen bis ans Ende der Welt unternehmen und dort Entdecker spielen, indem sie zum Beispiel in extra hergerichteten Landstrichen Afrikas »wilde« Tiere aus der Nähe »ganz natürlich« beobachten und auf dem Weg dahin und zurück soviel CO_2 produzieren, wie die Heizaggregate eines riesigen Wohnblocks in Sibirien nicht in kältesten Wintern verbrauchen?

Immer mehr Menschen sind sich selbst nicht genug. Sie fürchten, dass sie in ihrem Leben nicht genug erleben, erreichen und dadurch möglicherweise auch nicht so »wertvoll« und beachtenswert sind. Dabei ist es fast immer so, dass man sich nicht lange mit einer Sache befasst – ein Phänomen, dass zunehmend beobachtet wird –, weil schon die nächste Herausforderung wartet. Die Flucht nach vorn zu immer Neuem deutet ziemlich sicher auf dieses tragische »Sich-nicht-selbst-genügen« hin und zerstört jedes Streben nach einem unbeschwerten, weil einfacheren Leben.

Nur einer sollte bestimmen: Sie selbst

Laufen Sie Ski?« »Spielen Sie Golf?« »Waren Sie auf den Malediven?« »Haben Sie ein iPad oder ein iPhone?« »Haben Sie das *Phantom der Oper* gesehen?« »Kennen Sie den neuen Film mit Brad Pitt?« »Schon das neue Tapas-Restaurant ausprobiert?«

Wer einige solcher »Status«-Fragen verneinen muss, ist nicht mehr *in* und könnte in Erklärungsnot kommen. Denn bei all den vielen Möglichkeiten, die es – im Grunde – für jeden von uns gibt, hat sich zu allem Überfluss noch ein grundsätzlicher Kanon von «Pflichterlebnissen« und »Pflichtprodukten« herauskristallisiert, die »einfach erwartet werden«. Ich hoffe nun sehr, dass die nächsten Seiten Sie vermehrt in Erklärungsnot bei Freunden und Bekannten bringen werden! Und zwar, weil Sie sehr schnell lernen werden, was Sie wirklich tun wollen, was Sie wirklich besitzen möchten und was schnellstens von der endlosen Liste der Möglichkeiten gestrichen werden kann. Endgültig. Mit voller Absicht und größter Freude. Ohne Rücksicht auf den Druck von außen, aber auch ohne ein erwähnenswertes Maß an Selbstkasteiung. Einfach nur, weil man spürt, dass es einem mit der gezielten, durchdachten, ganz individuellen Wahl von Beschäftigungen (oder auch Ruhepausen) und Besitztümern deutlich besser geht! Qualität vor Quantität.

Die Gegner Ihres »einfacheren Lebens«

Dass ein Leben nach der Maßgabe höherer Qualität sich erst einmal erstrebenswert anhört, liegt nahe. Dass das nicht so leicht zu realisieren ist, wissen wir aber auch ganz genau. Der Grund: Es gibt Kräfte – wir wollen sie »Gegner« nennen –, die den Weg zum etwas vereinfachten Leben energisch verstellen.

Zum einen sind es die tief in jedem von uns verankerten »gelernten« Träume und Utopien. Über viele Generationen hinweg haben sich Sinnsprüche übertragen, die von einer erheblichen, geradezu erpresserischen Kraft sind: »Meine Kinder sollen es mal besser haben als ich.« Warum reicht es nicht, wenn die Kinder es genauso gut haben wie Sie? Wir leben nicht im Krieg oder im sozialen Chaos. Es gibt keine hierzulande Hungersnöte, und jeder kann ein paar

Wochen Urlaub machen. Bildung ist weitgehend von hohen Kosten befreit. Unser Land gehört zu den sichersten der Welt. Auch die Mobilität ist erschwinglich, Kulturangebote (wie zum Beispiel Oper und Theater) sind oft preiswerter als ein Kinobesuch. Der Glaube an die Pflicht zu wirtschaftlichem Wachstum als Heilsbringer liegt auch in Maximen wie dem *american dream* oder »Schaffe, schaffe Häusle baue« und so weiter. Wie wäre es, wenn wir unser gegenwärtiges Leben in Zufriedenheit genießen würden, kein »Häusle« bauen, keinem *american dream* nachlaufen, sondern in der hübschen Wohnung mit Südbalkon einfach einmal glücklich wären? Wo immer man sich umhört, werden Pläne für ein – vermeintlich – besseres Leben geschmiedet. Und das ist meist mit hohen wirtschaftlichen und damit auch zeitlichen Belastungen kombiniert. Außerdem: Es fördert kein Leben im »Jetzt«, keinen Genuss in der Gegenwart.

Die Kunst des Downsizing

Eng verbunden mit der Hoffnung auf eine Optimierung des Daseins durch Anschaffungen und Investitionen ist immer das eigene Bild bei Kollegen, Nachbarn und Freunden. Stellen Sie sich einfach vor, dass Sie bei einer Elternversammlung der Klasse Ihres Sohnes oder Ihrer Tochter gegen eine Klassenfahrt der Schüler stimmen würden! Kaum einer wagt wegen möglichen Gesichtsverlusts zu opponieren und geht damit möglicherweise wieder neue Verpflichtungen ein, die so gar nicht in das Budget passen. Im noch immer recht rückständigen Chile kenne ich einen konkreten Fall, wo die Klassenfahrtsankündigung (nach Europa) gleich mit dem Kreditangebot einer Bank verbunden war! Aber: Alle Schüler – auch aus einfachen Familien – traten die Reise zu vierstelligen Kosten an. »Es soll den Kindern ja besser gehen.«

Ganz ähnlich würde es sich in Südamerika wie in Westeuropa verhalten, wenn Sie ihr Auto *downsizen* und vom bequemen Luxusmobil in eine kleinere Klasse wechseln wollten. Selbst wenn Ihre Vernunft und Ihr Bankkonto »Hurra« rufen: Das Statusdenken, die Eitelkeit macht vielen Menschen einen Strich durch die ansonsten völlig kluge Rechnung. Dem einfacheren Leben steht das »Ego« entgegen. Das gilt für das Thema »Reiseziele« ebenso wie für Markenkleidung, Immobilienlage oder -größe oder die Wahl eines Restaurants. Kann ich mich da wirklich blicken lassen? Was denken die Nachbarn? Wie stehen wir denn da? Passt das zu meinem Image, zu meinem Beruf, zu meiner Vision?

Moderne Wirtschaftsunternehmen – insbesondere die an der Börse notierten – sehen sich geradezu gezwungen, in Riesenschritten zu wachsen. Ein Jahr ohne Wachstum, selbst wenn es ohne jeglichen Nachteil für Eigner oder Mitarbeiter abgeschlossen würde, gilt als verloren und kann das Image nachhaltig beeinträchtigen. Das probate Gegenmittel: Sämtliche Waren und Dienstleistungen werden mit einem steigenden Marketingdruck an die Frau und den Mann gebracht. Milliarden werden jährlich in Deutschland ausgegeben, um Lust auf »mehr« zu machen.

Dabei ist es kaum möglich, irgendwie der Penetranz von Werbebotschaften zu entkommen. Ein einfacheres Leben beschert uns diese Wunscherzeugungs-Fabrik natürlich nicht. Künstliche Bedürfnisse werden erweckt. Was unseren Vorfahren noch wie reine Geldverschwendung vorkam, ist jetzt hoffähig und begehrenswert.

Der falsche Kick des Konsums

Gerade junge Menschen sind der Maschinerie, die eine konsumsüchtige Gesellschaft erzeugt, recht hilflos ausgeliefert. Sie wollen und müssen *in* sein. Kein Gedanke an »Vereinfachung« eines Daseins, das sich ja gerade erst in der Entwicklung befindet. Shoppen ist für viele eine Freizeitbeschäftigung geworden, etwa so wie Schwimmen gehen. Dabei stellt sich das Kaufen immer mehr als Ersatzhandlung heraus, die ein in der Tiefe unzufriedenes Leben überdecken soll. Das Fernsehen und natürlich die Webnutzung spielen dabei die maßgebliche Rolle. Ob Langeweile, Angst, Liebeskummer, neidische Gefühle oder Trauer – die Medien suggerieren, dass Konsum allerneuester Dinge und Leistungen helfen kann.

Wer also ein einfacheres Leben anstrebt, sollte sich der Gefahr künstlicher Bedürfnisschaffung durch Unternehmen und deren Werbung bewusst sein. Es gilt auch hier sicher der Grundsatz: an Qualität denken.

Was unternehmen unsere politischen Vertreter gegen die Flut der Produkte, den Wachstumsglauben, das Über-Marketing und die Fokussierung gerade auf junge, noch leicht verführbare Zielgruppen? Auf den Punkt gebracht: nichts. Die Überzeugung, dass nur ein wirtschaftliches, also quantitatives Wachstum von Umsatz und Gewinn eine zufriedenere Gesellschaft schafft, ist unglaublich tief verwurzelt. Auch in den Etagen des Kanzleramts und der Wirtschaftsministerien ist man der felsenfesten Überzeugung, dass nur ein »Mehr« eine bessere Zukunft ermögliche. Angesehene Ökonomen, die dezidiert darlegen, dass das ein Irrglaube ist, werden überhört. Und für die Menschen, die ein »einfacheres Leben« als bessere Lösung für ein zufriedenes Dasein präsentieren, wird es nicht leichter. Das Umfeld für die Nachricht eines Leben in Zufriedenheit mit weniger Besitz, weniger bezahlten Ablenkungen, dafür mehr Intensität, mehr sozialer Stabilität und täglichen kostenlosen Freuden ist hart! Und es stellt sich die Frage, wer auf dem Wege zu einer Vereinfachung helfen und unterstützen könnte.

Die Befürworter Ihres »einfacheren Lebens«

Stellen Sie sich vor, dass Ihr Leben sich nach der Lektüre dieses Buchs ganz grundsätzlich vereinfacht. Sie haben auf einmal mehr Zeit, weniger wirtschaftlichen Druck, Ihr Dispokredit wird nicht mehr in Anspruch genommen und ein Umzug in eine größere Wohnung oder gar ein neues Haus steht auch nicht an. Sie werden entspannter sein. Sie werden vielleicht sogar wieder mehr lachen und Ihre Energiereserven werden sich aufs Neue füllen. Was würde Ihr Partner oder Ihre Partnerin sagen? Wie würden Ihre Kinder das sehen? Ihre Eltern und die wahren Freunde?

Können Sie sich vorstellen, dass sich einer dieser Menschen gegen Sie wenden würde, wenn Sie ein »einfacheres Leben« begännen? Wenn Sie auf das eine oder andere verzichten würden, um einfach etwas mehr Zeit zu haben? Wenn Sie sich nicht mehr bis an das Limit Ihrer körperlichen und geistigen Leistungsfähigkeit belasten, Ihre finanziellen Mittel nicht bis zum Anschlag ausnutzen würden? Alle würden nicken und Ihnen zustimmen, da jeder weiß, dass Sie schon sehr viel geleistet haben und es für Ihr *Standing* völlig gleichgültig ist, ob Sie einen Gang runterschalten, um mehr zu genießen und sich an einer neuen Qualität des Daseins zu erfreuen.

Vorbilder eines einfacheren Lebens

Fragen Sie Ihren Hausarzt, was er über ein beruhigtes, entschlacktes Leben denkt. Glauben Sie, dass er Sie zu mehr Leistung, weiteren Grenzgängen oder sogar körperlich-seelischen Grenzüberschreitungen anstacheln wird? Sicher nicht. Sie machen keinen Fehler, wenn Sie weiterlesen, um Ihr Leben von Grund auf zu überdenken, um Entscheidungen neu zu treffen. Sie sind auf dem absolut richtigen Weg.

Nehmen Sie sich nicht Bill Gates oder Marc Zuckerberg zum Vorbild. Deren Milliarden werden Sie mit an Sicherheit grenzender Wahrscheinlichkeit nicht ansammeln können. Die Chance ist winzig und es deutet auf einen Verlust an Realitätsnähe, wenn Sie sich ultimativen Reichtum oder Einfluss als Lebensziel vornehmen. Sie werden immer unglücklich mit sich selber hadern.

Das heißt nicht, dass man die Leistung von wirtschaftlichen Spitzenunternehmern nicht als ganz außergewöhnlich einschätzen darf. Auch Neid ist fehl am Platz; er bringt sie persönlich ja auch nicht weiter. Viel besser ist es auf dem Weg zum einfacheren Leben, Menschen zu Vorbildern zu machen, die *high potentials* in einem anderen Bereich sind: Vorbilder eines einfacheren Lebens, als sie es gerade leben. Das können Menschen aus Ihrem Umfeld sein, die Sie immer bewundert haben, weil sie mit ihrem Leben zufrieden und ausgefüllt sind, ohne es mit Aktivitäten, körperlichen und geistigen Höchstleistungen und nicht endenden Wunschlisten überfrachtet zu haben. Schauen Sie sich in Ihrer eigenen Familie um! Gehen Sie im Geiste Ihren

Freundeskreis durch, erinnern Sie sich an Ihre Lehrer oder spirituellen Vorbilder. Oder lesen Sie einfach weiter: Ich stelle Ihnen ein paar inspirierende Menschen kurz vor. Sie sind keine Gurus. Keine Götter auf Erden, keine stummen Bettelmönche oder Zen-Meister. Sondern Menschen, die ihr Leben schlichtweg nicht unnötig überfrachten, um es so einfach wie eben möglich zu halten und damit ihren Glücksfaktor so hoch wie möglich anzuheben.

Zwei Menschen, die inspirieren

Als erstes möchte ich hier den Medizinprofessor Jon Kabat-Zinn aus Boston nennen. Er hat vor einigen Dekaden an Kliniken der US-Ostküste *Mindfulness Based Stress Reduction* (Achtsamkeitszentrierte Stressreduzierung) erprobt und mittlerweile zu einer international anerkannten Technik gemacht. Es geht im Grunde um die Reduzierung von Stress und um die Stärkung des Immunsystems durch bestimmte Atemtechniken, Meditation und ein paar Yoga-Übungen. In Achtsamkeit soll gelebt werden, das heißt, dass man in jedem Augenblick des Daseins vollständig »anwesend« sein sollte, präsent im Hier und Jetzt. Was leicht klingt, bedarf ein wenig der Übung, ist aber im Grunde für jeden Menschen machbar.

In einer Welt, in der vor allem von Morgen die Rede ist, von Planungen, Wünschen und Wachstum, ist das »Hier und Jetzt« keine leichte Sache. Aber Jon Kabat-Zinn lebt vor, dass der dauernde Blick zurück genauso wenig zufriedenstellt, wie die unentwegte Schau nach vorne. Er selbst meditiert morgens, bevor die Familie aufwacht, zwei Stunden und beginnt seinen Tag mit Seminaren und Vorträgen auf der ganzen Welt immer aus der völligen Ruhe heraus. Er lebt ein höchst erfolgreiches Leben, aber er lebt es in einer bestechenden Bescheidenheit. Dabei wirkt er eben nicht wie ein Guru, sondern wie ein echter Gesprächspartner. Er schmiedet keine riesigen Pläne oder erzählt von seinen unglaublichen Erfolgen und seinem internationalen Ruf. Er hat sein Leben ganz erheblich vereinfacht. Keine aufwändigen Immobilien oder Sportwagen. Keine exaltierten Hobbies oder teuren Uhren. Das Leben ist Atem. Und es macht Sinn, in kleinen bewussten Schritten zu leben, *from breath to breath and from moment to moment.*

Ganz anders verhält es sich mit einem befreundeten Schriftsteller aus Hamburg. Während sich viele der ähnlich erfolgreichen Kollegen ein zeitlich und wirtschaftlich aufwändiges Jetset-Leben angewöhnt haben, fokussiert er weiter auf das, was ihm am meisten Freude bereit: Er schreibt. Bücher, Aufsätze, Essays. Er besitzt kein Auto. Er fliegt nie. Er reist selten innerhalb Europas. Teurer Zeitvertreib ist ihm ein Graus. Alles, was von seiner Lieblingsaktivität ablenkt, hat er aus dem Leben verbannt. Er mailt nur ungern, schreibt jedoch schöne Briefe. Fotos macht er kaum: »Sie erinnern nur an die Vergangenheit – und die ist ja unwiederbringlich vorbei.« Sein Ziel: »Ich freue mich auf den mitreißenden, kreativen Fluss, der sich beim Schreiben immer wieder einstellt. Das kann man durch nichts ersetzen.«

Was in der psychologischen Literatur *flow* genannt wird, kann das Leben ganz erheblich vereinfachen. Es macht sehr viel Sinn, genau dieses Erleben zu identifizieren und zu vervielfachen. Aber davon später mehr!

Die Glücksschlüssel zum einfacheren Leben

Glücksschlüssel I : Less than limit

Von Kindheit an lernen wir bis an unseren Leistungsgrenzen zu gehen. Von den ersten Schritten des Lebens bis ins hohe Alter geht es darum, herauszufinden, wie weit man noch kommt, was man noch leisten kann, wo die absolute Grenze der Belastbarkeit ist. Kinder beginnen schon in der Grundschule mit dem Fremdsprachenunterricht, erhalten nachmittags Klavier- und Geigenstunden und werden in sehr jungen Jahren zum Tennistraining angemeldet. Über Fünfzigjährige, die im ganzen Leben wenig Sport betrieben haben, starten unvermittelt mit dem Training für harte Marathonläufe. Menschen mit mittlerem Einkommen kaufen teure und übergroße Häuser, leasen Fahrzeuge, die ihr Budget ans absolute Limit fahren. Mütter kehren gleich nach der Geburt ihrer Kinder ins Berufsleben zurück, um höchste Leistungsfähigkeit unter Beweis zu stellen, den »Anschluss« nicht zu verlieren oder einfach um die Familienkasse so zu füllen, dass noch etwas mehr Konsum möglich ist. Abends wird noch im Sportclub trainiert. Körperlich anstrengende Urlaubsreisen führen für zehn Tage auf die Malediven, die Fidschis, die Karibik oder an die ferne Westküste der USA oder mal schnell zum Weihnachtsshopping nach New York.

Wir leben in einer Leistungsgesellschaft, die sich am Extremen freut. Und das, was noch vor Dekaden als besonders ausgefallen, als Spitzenleistung oder als *once in a lifetime*-Erlebnis galt, ist heute kaum noch der Erwähnung wert. Extreme Leistungen und Belastungen des Einzelnen sind zur Normalität geworden. In einer Welt, in der relativ normale Menschen sich nach Tibet oder Buthan begeben, in ihrer Freizeit die höchsten Berge besteigen oder privat Fahrzeuge bewegen, deren Leistung noch vor zwanzig Jahren locker für eine Formel 1-Teilnahme gereicht hätten, ist es schwer aufzufallen und sich abzuheben.

Viele Menschen sehen sich in ihrem Privat- wie auch im Berufsleben unter dem Druck, etwas zu machen, das permanent höchste Leistungsfähigkeit unter Beweis stellt. Und wenn man am Wochenende tatsächlich »nur« ein paar Kilometer durch die Eifel, die Mecklenburgische Seenplatte, den Hunsrück oder das Alpenvorland gewandert ist, dann wird die Aktivität mit neuen, Abenteuer verheißenden Vokabeln versehen: Man hat eine »extreme Tour« hinter sich, war neudeutsch *hiken* und zwar auf einem schwierigen *trail*, hat gleich die eigenen »Grenzen ausgelotet«, musste mit sehr hartem Wetter kämpfen oder schweigt sogar ganz, um nicht »uncool« zu wirken!

Beim genaueren Hinschauen bemerkt man zwei Dinge: Zum einen ist der Preis für ein Leben am Leistungslimit oder die werbliche Präsentation eigener Leistungen außergewöhnlich hoch. Man lebt vor allem auf Kosten von Gesundheit, von innerer Ruhe und eigener Wahrhaftigkeit. Auf der anderen Seite stellt sich heraus, dass der gewünschte Effekt im persönlichen Umfeld immer häufiger ausbleibt. Während man im Freundeskreis noch vor einigen Jahren interessierte Nachfragen nach einer New York-Reise hörte, bewegt man mittlerweile mit einer solchen doch recht aufwändigen Transatlantik-Überquerung rein gar nichts mehr. Es zeigt sich, dass außer einer persönlichen Erfahrung nicht allzu viel von ganz besonderen Anstrengungen bleibt. Die Menschen, die sich besonderen Strapazen unterziehen, um in der Gesellschaft zu brillieren, ihren Nachbarn, die Freunde oder die Familie zu beeindrucken, müssten in einer Welt nahezu unendlicher Möglichkeiten ungeheuerliche Energien aufbringen. Und selbst dann schlägt nicht immer nur Begeisterung und Statusgewinn entgegen, sondern einfach nur blanker Neid.

Wäre es nicht im Sinne eines »einfacheren Lebens« weitaus intelligenter, nicht an die Grenze der körperlichen, finanziellen und zeitlichen Möglichkeiten zu gehen? Was würde es denn bedeuten, wenn man systematisch unterhalb der persönlichen Belastungsgrenzen bleiben würde? Und welche Auswirkungen hätte es für das tägliche Leben? Leben wir wirklich mehr, wenn wir mehr erleben? Ist es nicht so, dass die Masse der Erlebnisse und Leistungen die einzelne Erfahrung ganz erheblich schmälern? Wäre es nicht so, dass ein bisschen »Weniger« gleichzeitig viel intensiver wäre?

Alles deutet darauf hin, dass die Menschen, die ihr Leben überladen, es nicht leichter haben. Es geht ganz einfach darum, unser Dasein nicht unnötig schwieriger zu machen, als es ohnehin ist. Das, was so simpel klingt, hat eine hintergründige Bedeutung: Nicht Ihr Umfeld entscheidet ja, dass Sie am Marathon teilnehmen oder auf die Fidschis reisen, sondern Sie selbst. Sie wollen sich und anderen »etwas beweisen«. Aber was? Steigern sie Ihren »Wert« und Ihren »Status« tatsächlich durch das Leben am Limit? Oder verstecken Sie Ihre Persönlichkeit, Ihre Stärken nicht einfach unter einer dicken Schicht messbarer und vergleichbarer Leistungsfähigkeit? Erhalten Sie tatsächlich Wertschätzung, weil sie an der Berufsfront hart kämpfen, Konkurrenten ausstechen, Ihren »inneren Schweinehund« unterdrücken? Oder bestechen Sie durch Ihre Wärme, Ihren Humor, Ihr soziales Engagement, Ihre Großzügigkeit, Ihren Kreis guter Freunde?

Sie merken schon, was sich hier abzeichnet: Es geht weniger um Höchstleistung, um eine endlose Kette von »einzigartigen« Erlebnissen oder steigenden Reichtum, wenn Sie ein einfacheres und glücklicheres Leben anstreben. Und es scheint gar nicht so schwer, wenn man ganz systematisch immer ein wenig unter seinen Möglichkeiten bleibt. Es ist ganz ähnlich wie mit einem Motor: Fährt man immer auf höchster Drehzahl, wird man nicht lange Freude an ihm haben. Wer die Belastung aber deutlich unter dem Maximum hält, kommt stetig gut voran, muss weniger reparieren und erlebt eine insgesamt ruhigere Reise mit wenigen unnötigen Unterbrechungen.

Konkret auf unser Leben übertragen, nennen wir das die *Less than limit-Glücksregel*: Bleiben

Sie bei allem, was Sie tun, so oft es geht deutlich unter Ihren maximalen Möglichkeiten! Geben Sie nicht alles, wie es von Leistungssportlern erwartet wird, die dann übrigens nicht mit bester Gesundheit gesegnet sind. Wer etwa zehn Prozent unter seinen Möglichkeiten, dem Maximum der denkbaren Möglichkeiten agiert, lebt noch immer gut und erlangt gleichzeitig eine wunderbare innere Ruhe und Gelassenheit.

Was nun recht leicht klingt, erfordert eine Zeit des Durchdenkens. Suchen Sie sich einen ruhigen Tag, einen Ort der Stille und gehen Sie Ihre verschiedenen Lebensbereiche selbstkritisch durch! Wo und wann strengen Sie sich zu sehr an, sodass Sie Stress erleben? Wo könnten Sie durch die *Less than limit*-Regel einfacher und entspannter leben?

Less than limit im Beruf

Sie kennen sicherlich die Frage, ob Sie »arbeiten, um zu leben« oder »leben, um zu arbeiten«? Gehen Sie ihrem Beruf nach, um sich ein angenehmes Leben erlauben zu können, dabei etwas Sinnvolles zu tun, an dem sie auch Spaß haben? Oder streben Sie nach immer mehr Geld, der nächsten Beförderung, einer Position im Unternehmen oder in der Organisation? Wollen Sie in ihrem Markt der Beste, Wichtigste, Gefragteste oder Teuerste sein oder einfach nur einen »guten« Job machen?

Der amerikanische Managementtrainer Stephen Covey sagte einmal in einem Seminar in Boston, er habe noch nie gehört, dass jemand auf dem Sterbebett von einem Tag mehr im Büro geträumt hätte. Da steckt eine Menge Erkenntnis drin! Prüfen Sie genau, ob Ihre berufliche Tätigkeit eine Facette eines reichen Lebens ist oder der bestimmende Faktor, der sie immer wieder völlig aufzehrt und Stress verursacht. Wäre es möglicherweise an der Zeit, die *Less than limit*-Regel zu realisieren? Versuchen Sie zu durchdenken, wo Sie Ihr Berufsleben so ändern können, dass Sie durchweg mindestens zehn Prozent unter ihrer Belastungsgrenze arbeiten. Sie verbringen mehr als acht Stunden am Arbeitsplatz? Reduzieren Sie die Arbeitszeit. Stimmen Sie das mit Ihrem Arbeitsumfeld genau ab. Möglicherweise müssen Sie auf eine Beförderung oder etwas mehr Geld verzichten. Der Gewinn ist aber auch nicht schlecht: weniger Stress, mehr Zeit für Familie und Freunde, mehr Erfüllung durch entspannteres Arbeiten.

Möglicherweise halten Sie jetzt dagegen, dass das alles Tagträumerei sei, weil der berufliche Alltag das nicht ermöglicht. Die Erfahrung zeigt aber, wie geschätzt gelassene, ruhige und konzentrierte Mitarbeiter sind, die ihre Aufgabe ohne Anzeichen von Stress und Überforderung in einem zeitlich »normalen« Rahmen erledigen. Bedenken Sie: Ein übertriebener Ehrgeiz frisst Ihre Ressourcen anfangs unmerklich auf, der Stress beeinträchtig Ihre Kreativität. Und Ihr Privatleben könnte auch daran kläglich scheitern. Da helfen dann die Beförderung und das gefüllte Bankkonto auch nicht weiter. Und auf dem Sterbebett werden Sie eher den verlorenen Stunden mit Ihrer Familie und Ihren Freunden nachtrauern als dem großen Eckbüro und dem spektakulären Dienstwagen.

Less than limits-Tipps für den beruflichen Alltag

- Suchen Sie sich eine berufliche Herausforderung, die Sie fordert, aber nicht überfordert. Am besten ist es, wenn Sie einer Tätigkeit nachgehen, die Sie leidenschaftlich gerne machen. Aber auch dann gilt: *less than limit* – unter der Höchstbelastungsgrenze bleiben. Kaum einer kann dauerhaft acht oder zehn Stunden auf allerhöchstem Niveau tätig sein und vielleicht sogar noch das Wochenende und die Feiertage zu Arbeitstagen machen. Lassen Sie sich nicht von vermeintlichen »Höchstleistern« täuschen.
- *Singletasking* anstelle von *Multitasking*: Konzentrieren Sie sich immer nur auf eine Aufgabe. Es ist bewiesen, dass man so Fehler verhindert, Stress senkt und schlussendlich Zeit spart.
- Hauptaufgaben auflisten und zuallererst machen. Streichen Sie weniger Wichtiges. Überlegen Sie genau, was Sie wirklich schaffen können. Teilen Sie mit, wenn es zuviel ist. Sie werden sehen, dass man ihnen öfter Verständnis entgegenbringt, als Sie glauben.

- Schauen Sie seltener in die Mailbox. Auch hier gilt die *Less than limit*–Regel. Sie müssen nicht alle Mails sofort beantworten und ausführlich muss die Antwort auch nicht immer sein. Sie können durchaus kurz antworten und mitteilen, dass Sie auf die eine oder andere Frage im Moment nicht eingehen können.
- Versuchen Sie Meetings, Telefonate, Briefe, ja, die gesamte Kommunikation zwar freundlich, aber kurz und bündig zu halten. In einer Zeit der Über-Kommunikation tut es auch dem Gegenüber gut, wenn die Nachrichten sich auf das Wesentliche konzentrieren.
- Bündeln Sie ihre Recherchearbeiten im Internet. Auch hier gilt: Konzentration auf die konkrete Aufgabe. Das Internet ist endlos, Ihre Lebens- und Arbeitszeit nicht.
- Schieben Sie Arbeiten nicht solange auf. Erledigen Sie soviel wie möglich sofort und vergeben Sie die gewonnene Zeit keinesfalls. Der Zeitgewinn steht Ihnen zur freien Verfügung – und zwar nicht um wieder neue Aufgaben an sich zu reißen.

- Zahlen Sie sofort! Reizen Sie Zahlungsziele nicht bis ans Limit aus. Unterbewusst können solche unerledigten Dinge belasten.
- Sagen Sie Termine ab, die nicht zielführend sind. Müssen Sie tatsächlich drei Tage auf der Messe sein? Kann man die Termine nicht bündeln? Erfordert die Tagung, die Konferenz wirklich Ihre Anwesenheit? Oder würde es nicht ausreichen, wenn ein Kollege Ihnen die wichtigsten Ergebnisse berichtet oder Sie ein Protokoll erhalten?
- Lernen Sie öfters »Nein« zu sagen! Wenn Sie bemerken, dass Ihre Arbeitsliste sich überfüllt und eine weitere Aufgabe gegen Ihre *Less than limit*-Regel verstößt: Seien Sie ehrlich, erklären Sie kurz Ihre Situation und nehmen Sie die Aufgabe nicht an.
- Nehmen Sie sich unbedingt genug Zeit für regelmäßige Pausen. Sie müssen niemandem beweisen, dass Sie auch ohne eine Pause auskommen. Sie sind keine Maschine und selbst diese wird gelegentlich abgeschaltet und gewartet.

Less than limit und Gesundheit

Die *Less than limit*-Regel hilft Ihnen im Bereich Gesundheit, Ernährung und Bewegung sofort zu einem einfacheren und besseren Leben. Es geht darum, dass Sie Ihren Körper durchweg weniger belasten. In einer Zeit der Fitnessgläubigkeit klingt das zunächst ungewohnt, für manche gar fahrlässig. Fakt ist aber, dass übertriebene sportliche Spitzenleistungen einem Körper nicht gut tun. Jeder Mediziner wird bestätigen, dass tägliche ausgedehnte Spaziergänge oder gelegentliche mittlere Laufstrecken besser für Ihren Körper sind, als wenn Sie sich über Ultrastrecken quälen, die Ihren Puls gegebenenfalls nach oben ans Limit treiben.

Ganz ähnlich sieht es mit der Nahrungsaufnahme auf. Die *Less than limit*–Regel hilft auch hier: etwas weniger von allem, was nicht ganz so gesund ist. Völliger Verzicht auf ein gutes Glas Wein, einen schönen Cocktail, einen knusprigen Schweinebraten, einen doppelten Hamburger oder eine gelegentliche Zigarette ist denkbar, aber kappt die Lebensqualität für die meisten

Menschen auf Null. Wer den bisherigen Konsum der nicht ganz so gesunden Dinge um rund zehn Prozent senkt, der kann mit großer Lebensfreude weiter genießen und fährt noch lange nicht »auf Reserve«. Weniger Belastung – einfacheres Leben. Schauen wir einfach mal auf die Details:

- *Less than limit*-Puls: Wenn Sie Sport betreiben, sollten Sie darauf achten, dass ihr Puls immer zumindest zehn Prozent unter dem (mit dem Arzt zu besprechenden) Maximalpuls bleibt. Das schont ungemein und fühlt sich besser an. Obendrein vereinfacht das Ihr Leben: Sie müssen keine überanstrengenden Leistungen mehr bringen und tun Ihrer Gesundheit doch etwas Gutes.
- *Less than limit*–Ziele: Ihr Nachbar lädt Sie zur Vorbereitung eines Marathonlaufs ein? Wie wäre es damit, sich eine kürzere Strecke vorzunehmen, sich physisch nicht so stark zu belasten? Lieber regelmäßig einen schönen Dauerlauf, als einmal im Jahr 42 Kilometer. Wenn Sie kein Leistungssportler sind, ist eine solche Strecke eher Belastung als Freude. Und noch etwas: Da mittlerwei-

le so viele Menschen an Marathons teilnehmen, spielt es für Ihr Image keine große Rolle, ob Sie mitlaufen oder regelmäßig eine schöne Strecke durch den nahegelegenen Wald oder Stadtpark wählen. Ganz ähnliches gilt für das Skilaufen. Einmal im Jahr jagen Heerscharen auf die Pisten. Unzählige verletzen sich – zum Teil schwer –, weil sie sich schlichtweg übernehmen. Wie wäre es, wenn man etwa zehn Prozent unter seinen Möglichkeiten Ski laufen würde, die schwarze Piste mal weglässt, auch wenn man sie theoretisch schaffen könnte? Es würde viel souveräner, weil entspannter wirken. Risiken wären geringer. Aber: Man kann so natürlich auch nicht von dem »Wahnsinn der schwarzen Piste« berichten, was eine gewisse Souveränität und ein nicht unerhebliches Selbstbewusstsein fordert.

- *Less than limit*–Fortbewegung im Alltag, ob mit dem Auto oder zu Fuß. In Großstädten erleben Sie die überwiegende Anzahl von Menschen in Hast und Eile. Sie bewegen sich oft am Limit ihrer Belastbarkeit. Sie fahren viel zu schnell mit ihrem Auto, sprinten über rote Ampeln. Sicher und gesund ist das natürlich nicht. Achten Sie darauf, dass Sie auch hier gelassener unter ihren Möglichkeiten bleiben. Ihre Gesundheit wird es Ihnen danken, wenn Sie etwas früher losgehen, etwas mehr Zeit für die Autofahrt einplanen.

- *Less than limit*-Ernährung: In einer Zeit der Überversorgung mit Nahrungs- und Genussmitteln wird es immer schwerer zu entsagen. In den Vereinigten Staaten von Amerika sind die Portionen auf den Tellern seit langem von einer unappetitlichen, ungesunden und oft auch geradezu unsittlichen Größe. Auch in Westeuropa geht der Trend dahin: Die Fastfood-Industrie wächst, die Menschen nehmen zu. Würde jeder nur zehn Prozent weniger von allem konsumieren (Personen mit Unterernährung ausgenommen), würden sich viele Probleme von alleine lösen.

Gerade bei der Ernährung ist weniger mehr. Essen und trinken Sie nicht mehr als sie benötigen, um Ihren Hunger und Durst zu stillen. Verzichten Sie auf den Nachschlag. Lassen Sie ruhig ein paar Pommes Frites auf dem Teller oder bitten Sie von vornherein um eine kleinere Portion.

Sie vereinfachen Ihr Leben, weil sie ernährungsbedingten Erkrankungen so einfach und effektiv vorbeugen. Natürlich ist Fleischkonsum erlaubt, aber reduzieren Sie die Häufigkeit und die Menge. Klar können Sie weiter Alkohol trinken, aber die Weinflasche muss nicht unbedingt geleert werden. Ein paar Bier weniger tun es auch, und anstelle von zwei Cocktails kann auch einer viel Freude machen. Wer weniger zu sich nimmt, genießt mehr und schont seinen Körper.

So leicht kann man sein Leben vereinfachen! Es geht nicht um Askese und knallharten Verzicht, sondern um Mäßigung. Die Einsicht lautet: Jedes Extrem hat unangenehme Folgen. Und es geht wirklich nur um kleine Entscheidungen, an die man sich schnell gewöhnen kann. *Less than limit* erfordert kein langes Training. Schon gar nicht, wenn es um Ernährung geht.

Less than limit und die Zeit

Viele Terminkalender sind bis zum Anschlag gefüllt, ob mit beruflichen oder privaten Terminen. Der Freiraum wird geringer, nichtverplante Zeit gilt vielen als verloren. Und das ist eine völlig falsche Annahme. Was sich aus der minutiösen Strukturierung der Zeit zudem ergibt: Eile, um Termine einzuhalten. Immer öfter wird die »Denkzeit« abgeschafft und die »Reaktionszeit« eingeführt: Wer schnell aktiv wird, steht immer öfter besser da als jemand, der abwägt, nachdenkt, sich Zeit nimmt.

Wer *Less than limit* als Richtschnur für seinen Kalender lebt, macht einen wesentlichen Schritt, um sein Dasein ganz erheblich zu vereinfachen.

- Verplanen Sie ab sofort weniger Zeit! Es macht Sinn, ganz genau zu prüfen, ob alle Termine wirklich eingehalten werden müssen. Ein Zehntel weniger Verpflichtungen entzerrt Ihr Leben ganz wesentlich. Sie werden sich sofort entspannter fühlen, und Ihr Umfeld wird Ihnen das auch anmerken. Also: Was können Sie konkret streichen oder zusammenlegen? Machen Sie Freunden oder Kollegen Vorschläge, sich lieber seltener und dann vielleicht etwas länger zu treffen. Prüfen Sie alle Routinen! Oft schleichen sich Aktivitäten ins Leben, die wenig bringen und viel Zeit kosten. Denken Sie daran, dass es um die Qualität durch Freude an der Sache geht.

- Seien Sie immer etwas früher bei einem Termin als geplant. Jeder weiß, dass das viel gelassener macht, als wenn man »auf den letzten Drücker« kommt. Zeitlicher Druck zerstört innere Ruhe, bereitet Stress und stiehlt Energie. »Pünktlichkeit ist die Höflichkeit der Könige« heißt ein Sprichwort. Früher da sein ist die Intelligenz eines Menschen, der einfacher leben möchte.
- Beenden Sie Termine etwas früher. Sie haben zwei Stunden für das Gespräch eingeplant? Dann kommen Sie nach hundert Minuten zum Schluss. Sie werden sehen: Alles Wichtige lässt sich auch in dieser Zeit besprechen und erledigen. Sie gewinnen etwas mehr für sich. Und wenn es nur dazu dient, langsam aus dem Raum zu gehen, einen kleinen Moment zu verweilen, das Gespräch kurz zu überdenken oder tief durchzuatmen. *Keep it short!* In einem amerikanischen Konzern steht dieser Hinweis in jedem Konferenzraum. Noch besser wäre: *Keep it a little shorter.* Keine Hektik, sondern Achtsamkeit. Kein Rennen, sondern

Genießen. Nicht mehr Komplexität, sondern etwas mehr Einfachheit.

- Verplanen Sie nie gewonnene Zeit! Ein einfacheres Leben ist ein Leben mit Freiräumen, die nicht vergeben sind. Genießen Sie das Nichtstun oder meditieren Sie, schließen Sie die Augen und hören Sie auf die Umgebungsgeräusche oder Ihre innere Stimme. Zeit muss nicht vergeben werden. Das ist ein Dogma einer hektischen, von Nutzenerwägungen infizierten Gesellschaft. Nichtstun gibt es nicht. Es gibt nur ein falsches oder übermäßiges Tun. Freie Momente sollten immer öfter angestrebt werden. Mehr landen und weniger starten. Mehr *sein* und weniger *werden* wollen.

Unser hohes Tempo dient oft nur dazu, Unsicherheit zu überspielen. Wer langsamer wird, sich Freiräume schafft, wird ruhiger und sicherer.

Less than limit: Konsum und Eigentum

In einer von Materialismus und Konsum beherrschten Zeit ist die *Less than limit*-Regel ganz besonders einschneidend und – im wahrsten Sinne des Wortes – gewinnbringend. Stellen Sie sich vor, absolut konsequent immer mindestens zehn Prozent unter Ihren wirtschaftlichen Möglichkeiten zu bleiben! Würde Sie das nicht unglaublich entlasten und Ihr Leben von Grund auf vereinfachen?

- Immobilie: Eine Standardfrage beim Wohnungs- oder Hauskauf lautet: Können wir uns das noch leisten? Jeder Banker kennt die Situation genau: Die Bewerber um ein Darlehen gehen oft ans absolute Limit ihrer Belastbarkeit. Nach allen übrigen Abzügen bleibt dann nach der Hausfinanzierung oft nur ein sehr überschaubarer Betrag zum Leben. Und wenn der Hausbau dann auch noch teurer wird als geplant, werden oft allerletzte Reserven in Angriff genommen. Es ist unglaublich, was sich viele Bürger wirtschaftlich antun, nur um ein möglichst opulentes Heim beziehen zu können. Manche Finanzierungen binden die Käufer bis zum Jahr der Rente an Bankkredite. Dreißigjährige Abzahlzeiträume sind keine Seltenheit. Dabei wächst der zu zahlende Zinsbetrag dann bis in die Höhe des

Hauswertes: Man zahlt also eigentlich bis zu zwei Häuser! Und das alles natürlich immer auf Basis der Annahme, dass die Einkünfte unverändert bleiben.

Wer sein Leben erheblich vereinfachen möchte, sollte unbedingt die *Less then limit*-Regel anwenden: ein kleineres Haus, das wirtschaftlich nicht bis an die Grenze belastet, ist die bessere Entscheidung. Es entsteht mehr Spielraum für ein wirtschaftlich entspannteres Leben. Sicher: Auf den allerersten Blick kann der Nachbar nicht erkennen, in welcher wirtschaftlichen »Liga« man spielt. Aber das sollte niemanden auf dem Weg zu einem einfacheren Leben beeindrucken.

- Auto: Ganz ähnlich wie bei der Immobilie lässt sich *Less than limit* bei einer anderen wirtschaftlichen Kardinalentscheidung im Leben vieler Menschen anwenden: dem Autokauf. Kaufen oder leasen Sie ein Auto, dass Sie »locker« bezahlen können und das deutlich unter Ihren maximalen Möglichkeiten liegt. Das ist in einer autoverliebten Gesellschaft nicht ganz leicht: Noch immer drücken viele Menschen ihren Status, ihre vermeintliche Dynamik oder Eleganz mittels eines Fahrzeugs aus.

Wer einfacher leben möchte als bisher, sollte diese Gedanken zur Seite legen und auch sein Auto »vereinfachen«. Wer sein Auto von allen Statusdünkeln und Eitelkeit befreit und vorsätzlich wieder zum Transportmittel degradiert, der macht einen guten und richtigen Schritt. Verwenden Sie zudem auch nicht zuviel Zeit auf Ihren Wagen. Wenn Sie ein etwas einfacheres Modell wählen, das Sie wirtschaftlich in keiner Weise belastet, dann ist es nicht ganz so schlimm, wenn es nicht wöchentlich (!) gewaschen und gereinigt wird, wie es noch bei einer Vielzahl der Autofahrer der Fall ist. Das Auto – für viele eine Zeit- und Geldfalle.

- Reisen: Ihr bester Freund kehrt gerade aus Bali zurück? Ihre Freundin erzählt vom traumhaften Weihnachtsshopping in New York? Noch immer glauben viele Menschen, mit exzessiven Fernreisen ihre Erlebniswelt und ihr Image erheblich aufbessern zu können. Dabei sind Reisen quer über den Globus so erschwinglich geworden, dass sich doch gerade solche Touren nicht wirklich eignen, um sich abzuheben. Und ein einfacheres Leben bescheren sie auch nicht. Gesundheitlich macht es wirklich keine Freude, eingezwängt über viele Stunden einem Jetlag entgegenzufliegen oder ein Land mit Malariagefährdung aufzusuchen. Viele Menschen kennen eine ferne Insel besser als ihre Nachbarstadt. Menschen aus Köln reisen öfter zu den Balearen als ins nahe Brüssel, eine faszinierende Kulturstadt.

Im Sinne der *Less than limit*-Regel empfiehlt es sich, sehr genau zu überdenken, wo die nächste Reise hingeht. Und ob die Planung exakt den eigenen Wünschen entspricht oder ob man fremden Erwartungen entsprechen möchte. Besser ist es auch hier, nicht bis ans körperliche und finanzielle Limit zu gehen: mehr reisen, weniger transportieren lassen. Mehr achtsam genießen und erkunden, als sich bespaßen lassen. Mehr Freiräume und Platz für reine Erholung als verplantes »Abenteuer«. Wie wäre es zum Beispiel mit einer Reise »ins Blaue« durch Europa – mit dem Zug? Oder die nächsten Ferien im eigenen

Land zu verbringen? Einfach zu wandern und in der Natur zu sein? Es gibt auch ein Leben außerhalb der Jets und Luxusdampfer.

- Anschaffungen: Wer *Less than limit* verinnerlicht, ist irgendwelchen Moden nicht mehr so sehr ausgesetzt. Es ist ja auch ungemein anstrengend, die Möblierung seiner Wohung ständig auf dem aktuellsten Stand zu halten, mit einer Küche nach allerneuesten Maßstäben und mit dem aktuellsten Flachbildschirm. Wer sich die Nutzenfrage stellt, kann auf viele Anschaffungen verzichten: Brauche ich das Produkt wirklich oder ist es einfach nur *in*, es zu besitzen? Und wenn ich es anschaffen möchte, könnte ich nicht eine etwas kleinere Version wählen und dennoch glücklich sein? Bleiben Sie bei Ihren nächsten Anschaffungen ein wenig unter den Möglichkeiten: Sie werden es nicht bereuen. In Kürze wird auch das neueste Produkt wieder von einer neuen Mode oder technischen Entwicklung überholt. Einfacher leben heißt dabei nicht verzichten, sondern nur, nicht ganz vorne dabei zu sein.

- Mode: Es ist naheliegend, dass es für Menschen, denen Kleidung und Mode sehr am Herzen liegt, auf den ersten Blick nicht ganz leicht fallen dürfte, *less than limit* zu denken. Zu verlockend sind die zahlreichen, oft auch günstigen Angebote. Die Moden wechseln schnell und die Wünsche werden durch ausgeklügelte Werbung brillant angetrieben. Die Folge kennen wir alle: Die Kleiderschränke füllen sich, die Schuhregale quellen über. Ohne eine dogmatische Diskussion anzufachen, sollte auch hier die Frage gestellt werden, ob etwas weniger nicht besser wäre. Wie wäre es zudem, wenn man bei den gezielten, überlegten und etwas reduzierten Einkäufen durchweg auf hohe Qualität achten würde?

Bleiben Sie auch beim Thema Mode etwas unter Ihren Möglichkeiten! Und trennen Sie sich mit dem Kauf eines neuen Produkt am besten gleich von einem alten Stück! Je mehr in Ihrem Schrank hängt, desto mehr Mühe haben Sie mit der Pflege der Bestände. Braucht man tatsächlich all diese Röcke, Blusen, Anzüge, Schuhe? Eine schöne Regel: Alles, was man etwa ein Jahr nicht mehr genutzt hat, wird man voraussichtlich nie mehr anziehen und kann somit getrost abgegeben werden. Ballast abwerfen – leichter durchs Leben gehen.

Konsequent angewendet, wird die *Less than limit*-Regel geradezu magisch, wenn es um Eigentum und Kaufen geht. Es steht fest: Wer weniger braucht, um das Leben zu genießen, lebt freier. Überfülle, Überkonsum und ein »Vollstopfen« unseres Leben mit Dingen kann dazu führen, dass wir regelrecht steckenbleiben. Wir kümmern uns dann nur noch um den Besitz und nicht um uns selbst, um das Shoppen und nicht um die Pflege von Freundschaften oder Zeit mit der Familie. Ja, es stimmt doch: Etwas weniger ist mehr. Und es ist auch einfacher, ein solches Leben zu führen. Wenn man sich einmal richtig entschieden hat.

Der Glücksschlüssel II: Das 80:20 Prinzip

Das 80:20-Prinzip stammt aus der Volkswirtschaftslehre. Im ersten Moment mag man fragen, was eine ökonomische Einsicht, die obendrein mehr als hundert Jahre alt ist (sie stammt von dem Staatswissenschaftler Vilfredo Pareto, 1848-1923), in einem Büchlein zum einfacheren Leben zu suchen haben könnte. Lassen Sie uns etwas genauer hinschauen: Das 80:20-Prinzip geht davon aus, dass eine Unterzahl von Aktivitäten und Bemühungen zu einer Mehrzahl der Ergebnisse und Belohnungen führt. Konkret besagt die Regel beispielsweise, dass man 80 Prozent dessen, was man im Job erreicht, auf Leistungen aus etwa 20 Prozent der eingesetzten Zeit zurückgehen. Oder anders ausgedrückt: Vier Fünftel der Zeit werden für einen nur sehr kleinen Teil des Erfolgs aufgebracht.

Ähnliches gilt – so Pareto – auch für den Kapitaleinsatz eines Unternehmens oder für die Produktpalette eines Herstellers. Mit 20 Prozent des finanziellen Einsatzes oder der Anzahl der Produkte werden 80 Prozent der Ergebnisse erzielt. Oder wiederum anders ausgedrückt: Ein kleiner Teil von Auslösern bewirkt den größeren Teil der Folgen.

Dieses Prinzip gilt erstaunlicherweise auch für ganz andere Bereiche menschlichen Zusammenlebens: Etwa 20 Prozent der Kriminellen sind für 80 Prozent des Umfangs (gemessen in Euro-Einheiten) von Schäden verantwortlich. 20 Prozent aller Autofahrer sind etwa 80 Prozent der Unfälle zuzurechnen. Im Haushalt werden etwa 20 Prozent der Teppiche zu 80 Prozent genutzt oder 20 Prozent unserer Kleidung werden in 80 Prozent der uns zur Verfügung stehenden Zeit getragen. Auch wenn die Zahlen im Einzelfall ein wenig nach oben oder unten zu korrigieren wären: Der Trend ist klar. Ein kleiner Teil aller unserer Energie, Zeit und Mühe erbringt tatsächlich einen unverhältnismäßig großen Anteil aller Ergebnisse. Der überwiegende Teil des Aufwands führt dagegen nur zu einem recht kleinen Stück vom Erfolg. Und das gilt für unglaublich viele Bereiche unseres Seins.

Eine bahnbrechende Erkenntnis

Diese Erkenntnis ist, obwohl so bahnbrechend, noch nicht in unserem Alltag verankert. Und zwar weil sie so eindeutig gegen das Gelernte und die Intuition verstößt. Man lebt noch immer getreu dem Motto: Jeder Kunde ist gleichviel wert. Jede eingesetzte Minute, jeder Arbeitstag hat dasselbe Gewicht. Alle Freunde werden gleichbehandelt. Tief in uns ist eine Art »demokratisches Urverständnis« verankert: Jede Ursache und jede Wirkung korrelieren – zumindest irgendwie – in einem ausgeglichenen Maße. Und das ist so grundlegend falsch, dass es in seiner Auswirkung geradezu erschreckt. Das Ungleichgewicht zwischen Einsatz und Wirkung von Energie, Zeit oder auch Zuneigung (zum Beispiel im Freundeskreis) steht in einem so unfassbar krassen Missverhältnis, dass man nur mit dem Kopf schütteln kann.

Und darum geht es im Blick auf die Vereinfachung des Lebens natürlich: Welche Bemühungen kann man im alltäglichen Dasein möglicherweise ganz streichen, ohne eine signifikanten Verlust zu erleiden? Wo sind die Energiefresser, die sich kaum oder gar nicht auszahlen? Anders als bei der *Less than limit*-Regel geht es jetzt nicht mehr um ein dezentes Reduzieren, sondern um ein rigoroses Wegstreichen, um sofort zu einer maßgeblichen Vereinfachung des Lebens zu gelangen.

Unser Leben wird ganz wesentlich von einigen wenigen Ereignissen und Entscheidungen geprägt. Diese Entscheidungen kommen oftmals eher zufällig zustande und sind nicht vorsätzlich geplant: Unser Leben passiert einfach und wird nicht so sehr von uns gestaltet, wie wir vielleicht denken. Würden wir uns auf die wichtigen Dreh- und Angelpunkte, die Kernentscheidungen konzentrieren, wären wir nicht nur erfolgreicher (mit weniger Aufwand), sondern deshalb auch glücklicher. Konzentration auf das Wesentliche vereinfacht das Leben ganz erheblich.

Viele Menschen nehmen alle ihre Aufgaben gleich ernst. Folglich wird die Energie auf eine Vielzahl von Aktionen verteilt, anstelle sich zu fokussieren. Die Folge: Wenig Herausragendes lässt sich vorweisen. Das erreichte Mittelmaß kostet aber sehr viel Energie. Wer das 80:20-Prinzip konsequent lebt, muss immer wieder eine Wahl treffen: Es ist zu entscheiden, was die meiste Freude bereitet, die größten Glücksgefühle erzeugt, wer am stärksten zum persönlichen Wohlergehen beiträgt, welcher Besitz den meisten Nutzen stiftet.

Freunde, Bekannte, Beziehungen

Wenn Sie ihr Leben vereinfachen und damit glücklicher gestalten wollen, dann ist ihr persönliches Umfeld ganz besonders wichtig. Mit wem verbringen Sie Ihre freie Zeit? Wem können Sie sich anvertrauen? Wer gibt Ihnen Energie und wer raubt sie Ihnen immer wieder? Betrachtet man seinen Freundeskreis einmal kritisch, stellt man sehr schnell fest, dass nur sehr wenige Personen ganz besonders wichtig im Leben sind. Es sind die Menschen, auf die immer Verlass ist, die genau wie sie selbst in die Freundschaft Zeit und Muße investieren und vom emotionalen »Bankkonto« nicht unentwegt »abbuchen«, sondern gerne und mit Freude einzahlen.

Wäre es nicht viel klüger, mehr Zeit und Energie in diese Beziehungen zu stecken? Was wäre, wenn Sie den sogenannten Freundeskreis nach diesen echten Freunden »abklopfen« würden? Wer gehört zu den 20 Prozent der Freunde, die Ihnen am meisten Freude und Glück geben, und wer nutzt Sie vielleicht nur aus? Es ist unglaublich, aber immer wieder zeigt sich, dass die 80:20-Regel in genau diesem Bereich sehr genau passt: Von zehn Freunden sind es meist nur zwei, höchstens drei Personen, die einem besonders nahestehen und wirklich viel bedeuten. Wenn Sie ihr Leben nachhaltig vereinfachen wollen: Fokussieren Sie – nach eingehender Überlegung – Ihre Energie und Zeit auf die wenigen wichtigen Freunde. Die guten Beziehungen werden sich weiter vertiefen. Ihr Zeitbudget wird entspannter.

Für alle, die in einer festen, positiven Beziehung leben, stellt sich die 80:20–Regel besonders plakativ dar. Hier leistet eine einzige Person einen sehr großen Anteil für unser persönliches Glück. Aber wird unsere Aufmerksamkeit dieser Person auch gerecht? Wenn es doch so ist, dass hier ein großer Quell der Freude ist, warum spendieren wir hier nicht mehr Zeit und Energie, um diese Beziehung optimal zu pflegen?

Auch im Sinne eines einfacheren Leben ist es sehr empfehlenswert, die Energie angemessen zu verteilen und zu fokussieren. Geben Sie den wenigen, wichtigen Personen in Ihrem Leben mehr und denen, die Sie als wenig bedeutsam empfinden weniger bis gar keine Zeit und Energie! Und falls Sie nun Sorge haben, dass diese »Übergangszeit« schwierig wird: Oft ist es so, dass ein stiller Rückzug aus einer sogenannten Freundschaft kaum bemerkt wird. Es sind eben doch »nur« Bekannte, denen man in der Vergangenheit so viel Zeit gewidmet hat. Und wer denken mag, dass der Weg der Konzentration der eigenen Energie auf wenige, dafür besonders wichtige Menschen berechnend oder kühl sein könnte: Im Sinne einer Vereinfachung Ihres Lebens ist es mit Sicherheit ein guter Weg, den sie im Rückblick nie bereuen werden. Harte Schnitte oder Abschiedsschreiben, lange Erläuterungen und Diskussionen werden schließlich nicht erwartet.

Zeit

Das meiste, was wir tagsüber unternehmen, hat nur eine geringe Bedeutung für das gefühlte Glück eines Tages. Tatsächlich ist es so, dass nur bestimmte Momente (manchmal sind es nur wenige Minuten oder eine Stunde täglich) viel, viel bedeutender, kreativer und glücklich stimmender sind als der Rest der Zeit. Denken Sie immer daran, dass auch hier die 80:20-Regel gilt: In 20 Prozent ihrer Zeit entstehen 80 Prozent der guten Ergebnisse und positiven Gefühle. Und zu den Ergebnissen können wirtschaftliche Erfolge ebenso gehören wie Phasen eines besonderen Hochgefühls oder wichtige Zeit mit den wahren Freunden.

Aufgaben und Prioritäten

Es ist also durchaus sinnvoll, sich einmal hinzusetzen und ein paar Stunden darauf zu verwenden herauszufinden, was uns in unserer Lebenszeit, ja, jeden einzelnen Tag wirklich weiter bringt, für gute Gefühle sorgt und was nur Zeit verschlingt, einen minimalen Anteil am positiven Erleben hat. Diese Aufgabe ist im Blick auf ein »einfacheres Leben« von ganz zentraler Bedeutung! Gehen Sie Ihren Alltag minutiös durch! Was gehört zu Ihren täglichen Routinen? Was hat sich möglicherweise in den Alltag »eingeschlichen«, kostet viel Zeit und bringt wenig? Würde es beispielsweise ausreichen, ein Mal am Tag die Mails zu lesen und zu beantworten oder muss dies tatsächlich alle ein bis zwei Stunden oder gar noch öfter geschehen? Was ist Ihre Hauptaufgabe für den Tag? Was wird von Ihnen erwartet? Warum geben Sie diesem Bereich nicht viel mehr Raum? Vielleicht können Sie Aufgaben, die nicht so wichtig sind, einfach delegieren?

Es geht dabei nicht um das klassische »Zeitmanagement«. Dort liegt der Fokus ja auf der Frage, wie man mehr Aufgaben in einen Tag stopfen kann! Bei der 80:20-Regel sind Verschiebungen des Gewichts wichtig. Das Wichtige erhält den meisten Raum. Das Unwichtige soll reduziert werden, idealerweise ganz wegfallen. Mit dem 80:20-Prinzip gewinnen Sie Zeit, die Sie zwar neu verteilen können – aber am besten nur auf die wichtigen, Gewinn oder Freude bringenden Aufgaben. Beim 80:20-Prinzip ist Zeit Ihr Freund und nicht der davon laufende Feind. Sie sollen weniger agieren. Dafür aber in den Bereichen, die Ihnen am meisten bringen.

Um die 80:20-Regel richtig zu leben, muss man verstehen, dass persönlicher Einsatz und Mühe nicht immer angemessen mit einer Belohnung einhergehen. Gehen wir zurück zum Thema »Freunde, Bekannte, Beziehung«. Stellen Sie sich vor, dass Sie Ihre Zeit, die Sie früher auf zehn oder zwanzig Personen im sogenannten Freundeskreis verteilt haben (was einigen Stress mit sich bringen kann!), ab jetzt nur noch mit zwei oder drei Personen verbringen! Die Beziehungen würden intensiver, tiefgehender, erfreulicher und sicher auch bewegender. Oder nehmen wir einfach einmal an, dass Sie die Anzahl ihrer möglicherweise drei oder vier Hobbies auf ein Hobby reduzieren, mit dem Sie dann aber die vierfache Zeit verbringen. Sie würden eine ganz besondere Klasse oder Qualifikation erlangen. Es könnte zum Beispiel bei einer bestimmten

Sportart oder bei einem Musikinstrument weit befriedigender sein, als wenn Sie mehrere Aktivitäten parallel betreiben würden. Und: Sie hätten obendrein Zeit gewonnen!

Geld

Nur ein kleinerer Teil aller Ihrer Ausgaben ist für einen hohen Anteil positiven Erlebens zuständig. Der überwiegende Teil aus ausgegebenen Euros fallen unter Begriffe wie Routine oder Pflichtausgaben. Man nimmt deren Nutzen nicht so recht wahr. Wenn man genau hinschaut, ist es ebenso wie bei der Verteilung von Zeit: Finden Sie genau heraus, welche Dinge, Dienstleistungen oder Aktivitäten, für die Sie bezahlen, Ihnen den größten Nutzen oder die meiste Freude bringt. Wäre es denkbar, die Investition aus dem privaten Budget möglicherweise zu erhöhen? Der Musikunterricht bei der Querflötistin tut Ihnen besonders gut? Sie genießen die Wanderwochenenden im Sporthotel in den nahen Bergen ganz außerordentlich? Die Opernpremiere war großartig? Wie könnten Sie es schaffen, dafür etwas mehr Geld »locker« zu machen? Wo sind die versteckten Reserven, die sich so gut tarnen, weil sie uns gar nicht so viel Freude schenken? Benötigen Sie tatsächlich eine 120-Quadratmeter-Wohnung? Oder wäre eine ganz ähnliche Bleibe mit zehn Prozent weniger Raum nicht genauso praktisch (bei erhöhter Liquidität)? Würde ein kleinerer Wagen vielleicht genügen? Oder muss man für die einsame Fahrt zur Arbeit wirklich eine viertürige Limousine mit fünf Sitzen bewegen? Wie wäre es, wenn man ins neue Haus eine Küche »von der Stange« einbaut? Oder auf einen riesigen Flachbildschirm zugunsten der Erlebnisse verzichtet, die zu den Top-20-Prozent unseres Lebens gehören werden?

Es geht hier nur auf den ersten Blick um Verzicht. Beim genauen Hinschauen sieht man, dass von weniger Bedeutendem auf das Wichtige verschoben werden soll. Sicher geht das hier und da mit einer Kürzung der Ausgaben einher. Aber ist es Verzicht, wenn man das, was einem nicht so viel positive Gefühle einbringt, streicht, um mehr von dem machen zu können, was einen viel mehr erfreut? Wer gerne großartige Weine trinkt, kann das einmal in der Woche tun. Vielleicht müsste er dazu auf den täglichen mittelmäßigen Weingenuss verzichten. Spätestens im Rückblick wird man sich nur noch an die wöchentlichen Spitzengenüsse erinnern und nicht an die »entgangenen« Durchschnittstropfen!

Zurück in die Zukunft

Auch bei einem psychologischen Trick, den ich die »Zukunft-zurück-Technik« nenne, schneidet die 80:20-Regel sehr positiv ab! Wer sich auf die 20 Prozent der Erlebnisse im Leben konzentriert, die die 80 Prozent der besten Erinnerungen ausmachen, geht klug vor. Von einem Leben ohne solche Höhepunkte, mit einer Gleichverteilung aller Energien auf viele mittelmäßige Aktivitäten kann man später nur wenig erzählen.

Stellen Sie sich vor, dass Sie zwanzig Jahre in die Zukunft gehen würden und nun auf den jetzigen Moment zurückschauen würden! Wofür würden Sie Ihre Kräfte verstärkt einsetzen? Für noch mehr Routine? Für weitere Standardtätigkeiten? Oder würden Sie sich darum bemühen, den besonderen Momenten weitere hinzuzufügen? Und wenn Sie jetzt vor der Entscheidung stehen, was besser für Sie sein möge: Gehen Sie im Geiste in die Zukunft, schauen Sie zurück und versuchen Sie zu erfühlen, was Ihnen im Rückblick besser zusagen würde.

Die 80:20-Regel bietet einen wunderbaren Anhaltspunkt, um unser Leben zu einem Erlebnisparcours zu machen, der mehr Freude bereitet und dabei das Leben nachweislich vereinfacht. Es gilt, den großen Momenten, den Phasen des Glücks weitere kostbare Augenblicke hinzuzufügen. Und dabei weniger in Langweiliges, Sinnloses, Überflüssiges zu investieren, gleich ob Geld oder Zeit.

Noch eine abschließende Bemerkung hierzu: Es gibt keine Regel für das, was dem Individuum nun besonders viel Glück bereiten soll oder darf. Was für den Einen die Jahreskarte auf der Tribüne des Lieblingsfussball-Clubs ist, kann für den anderen ein Abonnement klassischer Konzerte sein. Während einer sein Glück bei der Cabriofahrt entlang der Küste spürt, mag der andere versonnen im wunderbar grünen Beet seines Gartens arbeiten. Wichtig ist nur eines: Die gewählten Aktivitäten müssen große Freude bereiten, und man sollte sicherstellen, dass man genau solchen Momenten soviel Ressourcen wie möglich zur Verfügung stellt – ohne das finanzielle Budget weiter zu belasten oder den Terminkalender zu überfüllen.

Der Glücksschlüssel III: Achtsamkeit

Jeder von uns hat schon vom Einsiedlerleben der Kartäusermönche gehört: Sie verbringen die meiste Zeit ihres Daseins mit nur wenigen Dingen in einer kleinen Behausung, die sich in eine Klosteranlage eingliedert. Oder von den Trappisten, die nahezu ohne eigenes Geld mit viel eigenem Arbeitseinsatz abseits der modernen Zivilisation leben. In Asien sind es die Shaolin-Mönche, die ihr Leben – beinahe mittellos – der Kampfkunst widmen. In Asien und mittlerweile auch in Europa folgen immer mehr Menschen dem Vorbild Buddhas. Wir sehen auch hier Parallelen: wenig oder gar kein Eigentum, aber ein Leben voller Inhalte.

Schaut man sich das Leben des Jahrtausende prägenden Jesus von Nazareth oder des indischen Friedensstifters Gandhi an: Man blickt nicht auf Reichtum, Hyperkommunikation oder Menschen in endloser Hektik. Vielen von uns scheinen diese Lebensläufe so weit von unserer Realität entfernt, dass die Frage nach einem möglichen Schlüssel zu mehr Glück und Zufriedenheit oft gar nicht erst erwogen wird. Dabei lässt sich aus diesen ganz besonderen Lebenskonzeptionen auch für unseren Alltag eine Reihe wichtiger Schlüsse ableiten.

Haben oder Sein

Ob Glaubensbegründer, Geistliche oder Mönche: Keine dieser Lebenskonzeptionen setzt auf die Mehrung von Eigentum. Und dennoch ist Glück und Zufriedenheit möglich. Wer sich mit den verschiedenen mönchischen Gemeinschaften näher befasst, lernt schnell, dass man dort Menschen mit wenig Eigentum, aber mit einer unglaublichen inneren Ruhe und Gelassenheit, verbunden mit großem Wissen aus der Konzentration, antrifft. Nicht Haben, sondern Sein oder Können stehen im Mittelpunkt.

Ist das ein Ergebnis jahrzehntelanger Kontemplation, langer Gebete, göttlicher Eingebung – oder nur eines unterdrückter Wünsche? Die Gespräche und Erfahrungen ergeben etwas ganz anderes: Was uns diese Menschen voraus haben, ist die Fähigkeit zum achtsamen Leben. Einem Dasein im Jetzt, in der Freude über die Gegenwart. Ohne Gram über die Vergangenheit und mit viel Vertrauen in die Zukunft. Ohne überzogene Ängste vor vermeintlichen Gefahren. Was sich sehr pathetisch liest, lässt sich für unseren Alltag im Sinne einer Vereinfachung nutzbar machen.

Es geht zum großen Teil um den Begriff »Achtsamkeit«. Darunter verstehen wir eine maximale Aufmerksamkeit in jedem einzelnen Moment. Diese ungeteilte Achtsamkeit kann ein wesentlicher Schlüssel für ein vereinfachtes

Leben sein: Sie kann jedem Menschen zu einer wirklichen Präsenz in Echtzeit verhelfen. Keine Multitasking, sondern ein analoges Einlassen auf das, was einen gerade umgibt, was man genau in diesem Augenblick hört, schmeckt, riecht und fühlt. Ein achtsames Leben im jeweiligen Moment gibt dem Dasein eine ungeahnte Qualität und Lebendigkeit. Der Kopf ist dann nicht mit der Bewältigung von Vergangenem und auch nicht mit der Planung eines nächsten Schritts oder gleich mit der ganzen Lebensplanung befasst. Wer sich mit Achtsamkeit weiter befasst und das Prinzip zu verstehen beginnt, erschrickt geradezu über die Dichte der Ablenkungen, die unentwegte Orientierung auf Höchstleistungen hin. Unsere Lebensumgebung lässt eine ruhige, konzentrierte Anwesenheit nur in diesem Moment und von da in jedem weiteren Augenblick kaum zu. Und dabei ist genau diese achtsame Haltung einer der wichtigsten Schlüssel für ein einfacheres und glücklicheres Leben.

Erhöhte Achtsamkeit im Alltag ist eine Empfehlung, die zu einem sofortigen Anstieg der Zufriedenheit führt. Der Grund liegt auf der Hand: Etwas mehr Konzentration auf die jeweilige Aktivität erhöht die Qualität der Ergebnisse, was wiederum glücklicher stimmt. Wer langsamer isst, hat mehr von seiner Mahlzeit. Er wird die Geschmacksnuancen besser wahrnehmen. Und seinem Körper unnötige Belastungen ersparen.

Zur Vereinfachung trägt ein achtsamer Umgang mit der zu vergebenden Zeit sehr bei: Man wählt genau aus, was man machen möchte und schenkt der Aktivität dann die volle Aufmerksamkeit – ohne »in Gedanken schon woanders zu sein«.

Ganz ähnlich ist es mit Kaufentscheidungen: Ein achtsamerer Mensch nimmt nichts im »Vorübergehen« mit, sondern konzentriert sich auch im Moment der Kaufentscheidung, wählt bewusst oder lehnt sogar ab. Der erworbene Besitz erhält dann auch die verdiente Aufmerksamkeit. Die erworbenen Güter verschwinden dann nicht in Schubladen oder füllen die Abstellräume, sondern werden bewusster eingesetzt, ihre Schönheit oder ihr Nutzen wird wahrgenommen.

Denken Sie an die einfachen Mönche: Deren wenige Besitztümer erhalten eine besondere Wertschätzung, sie werden gepflegt und nicht schon nach kurzer Zeit beiseite gelegt oder sogar weggeworfen. Achtsames Leben erzieht dazu, genauer hinzuschauen, mehr wahrzunehmen, von dem, was uns umgibt, und alle Sinne dabei vollständig einzusetzen. Wie sehr könnte das unser Leben entlasten, vereinfachen und zum persönlichen Glücksquotienten beitragen! Unendliche Wunschlisten werden kürzer, die Suche nach mehr Erleben und mehr Besitz geht deutlich zurück.

Wie kann man nun seine Achtsamkeit schulen? Was muss man tun, um diesen großen Schritt zu einer Vereinfachung und Entflechtung des Daseins zu schaffen? Hierzu gibt eine Vielzahl von Übungen und Techniken. Am effektivsten ist mit Sicherheit die regelmäßige Meditation. Sie hat nichts mit Esoterik oder einer neuen Religion zu tun: Die moderne Achtsamkeitsmeditation wird seit Jahren unter wissenschaftlicher Aufsicht in verschiedenen medizinischen

Kliniken zur Behandlung von psychischen Belastungen eingesetzt und trägt erstaunliche Früchte. Hier die Essenz von dem, was Sie wissen müssen.

Weshalb Meditation Ihr Leben sofort vereinfacht

Als achtsamer Mensch wird Ihnen die Bewältigung des Alltags leichter fallen. Sie werden gelassener mit jeglicher Herausforderung umgehen. Wenn Sie bisher das Warten – zum Beispiel im Vorzimmer eines Arztes – als Zeitverschwendung empfunden haben, dann können Sie als achtsamer Mensch eine Phase der Besinnung, eine kleine Meditation daraus machen. In der Meditation geht es vor allem darum, dass man sich auf die Gegenwart, den unmittelbaren Moment konzentriert. Das erfordert eine Zeit der Übung, die sich aber schon bald sehr lohnen wird: Wer regelmäßig meditiert, trainiert in seinem Gehirn die Areale, die für die Sinneswahrnehmungen und für die Aufmerksamkeit von Bedeutung sind. So versetzt sich ein geübter Meditierender in die Lage, genauer zu sehen, intensiver zu fühlen, detaillierter zu hören. Die Welt erschließt sich in einer größeren Bandbreite.

Wenn man sich zur Meditation an einen – am besten ruhigen – Ort setzt, ist das so, als wenn man nach sehr schneller Fahrt auf der Autobahn eine Ausfahrt nimmt, verlangsamt, den Wagen abstellt, die Tür öffnet, frische Luft atmet, den Wind auf der Haut spürt und das Vogelgezwitscher wahrnimmt. So einfach kann ein Gewinn an Lebensqualität sein! Dabei sollte man versuchen, den inneren Kommentator, die innere Stimme, die fortwährend alles beurteilt, abwägt und einordnet, einfach einmal abzuschalten.

Als einfacher Einstieg in die Achtsamkeitsmeditation empfiehlt sich die Konzentration auf den Atem – und zwar über einen längeren Zeitraum. Sobald Sie sich also an einen ruhigen Ort gesetzt oder gelegt haben, die Augen geschlossen, atmen Sie tief ein und langsam wieder aus. Versuchen Sie dabei dem Strom der Luft in Gedanken zu folgen. Fühlen Sie das Heben und Senken des Brustkorbes, folgen Sie dann wieder dem Atem. Es geht nicht um irgendeine Form von Leistung oder Kontrolle, sondern nur um die Beobachtung des Prozesses, der uns alle am Leben hält. Auf dem Wege dieses »Herunterschaltens« auf einen lebenswichtigen und oft völlig vergessenen Vorgang können wir schnell in eine große Ruhe kommen.

Andere Formen der Meditation empfehlen, sich auf die umgebenden Geräusche zu konzentrieren, zu hören, ohne zu beurteilen oder zu werten. Einfach nur hören. So wie man einfach nur atmet. Das Ziel: Scheinbar banale Prozesse werden für uns wieder in den Mittelpunkt gerückt. Wir verbinden uns – wenigstens für ein paar Minuten – mit dem Essenziellen.

Wer regelmäßig meditiert, erkennt leichter, was für ihn wichtig und was verzichtbar ist. Meditative Übungen zur Achtsamkeit machen das Leben daher einfacher. Wer sich verlangsamt, kann mehr sehen, ohne mehr zu besitzen. Wer gelegentlich die »Autobahnausfahrt« im Leben nimmt, gibt sich eine Chance zur Vereinfachung. Es kostet nicht viel (außer ein wenig Zeit) und zahlt sich schnell aus: in größerer Konzentration, Ausgeglichenheit und einem Rückgang der Wünsche und des Wollens.

Tägliche Achtsamkeits-Meditations Übung (nach Kabat-Zinn)

- Suchen Sie sich einen bequemen Platz. Sie können sich ganz einfach auf einen Stuhl setzen. Aufrecht, entspannt und konzentriert.
- Konzentrieren Sie sich jetzt für etwa zehn Minuten auf Ihre Bauchatmung. Spüren Sie dem Atem nach. Und wenn Ihre Gedanken vom Atem abschweifen, nehmen Sie die Inhalte der ablenkenden Gedanken wahr, ohne ihnen weiter nachzuhängen. Kehren Sie zur Konzentration auf den Atem zurück.
- Versuchen Sie die Meditationszeit zu verlängern. Vielleicht um ein bis zwei Minuten pro Tag, bis sie sich einer Zeit von zwanzig bis dreißig Minuten nähern. Wie gesagt: Es geht nicht um Leistung oder einen Wettkampf. Versuchen

Sie von Moment zu Moment achtsam zu sein und Ihrer Atmung und sonst nichts zu folgen. Die Zeit verstreicht währenddessen einfach. Sie schenken der Zeit keine große Aufmerksamkeit, sondern achten nur auf Ihren Atem. Von einem Atemzug zum nächsten.

Der Glücksschlüssel IV: Das »einfache« Nein

Wir sind ein Leben lang auf positive Zustimmung trainiert worden. Von Kindheit an sagt man freundlich »Ja, gerne«, »Ja, bitte« und »Ja, natürlich«. So natürlich ist das Ja aber gar nicht. Ein Ja ist manchmal sogar eine mutige Aussage. Mit der Zustimmung verbinden sich oft Aufgaben, Absprachen, Dienste, Verpflichtungen – und immer wieder auch Dinge, die wir (eigentlich) nicht mögen oder wollen.

Eine freundlich herangetragene Bitte auszuschlagen, weil es einem gerade mal nicht so passt, ist für viele Menschen eine der schwierigsten Übungen überhaupt. Sie möchten nicht absagen, verneinen, ausschlagen oder ablehnen. Und zwar weil es auf der anderen Seite – der Seite der Anfragenden oder Bittenden – eben negativ aufgenommen werden könnte. Man sorgt sich darum, dass einem selbst bei Gelegenheit dasselbe passieren könnte. Man will keinen unnötigen Unmut schüren und die vermeintliche Harmonie erhalten.

Doch zur Harmonie gehören mehrere Töne: Wenn wir selbst nicht einhundertprozentig mit einer Sache einverstanden sind, dann sollten wir unser Ja auf jeden Fall genauestens überdenken. Nehmen wir einmal das Beispiel »Einladung zu einem Dinner«. Und zwar von Bekannten, die man nicht so recht mag oder die extrem langweilig sind. Menschen, von denen keine inspirierende Unterhaltung ausgeht, die keinen besonderen Humor besitzen und auch sonst eigentlich nicht viel zu berichten haben. Aber: Sie sind irgendwie in unseren Bekannten- oder Freundeskreis hineingerutscht, sie fallen dort nicht negativ auf und »tun auch nicht sonderlich weh«. Nun stehen wir also mit einer Einladung zu einem Dinner da. Vier, fünf Stunden, in denen es nicht viel zu sagen gibt. Vier, fünf Stunden voller Plattitüden, Langeweile oder gleichförmigem, immer wieder gehörtem Erzähllallerlei. Was kann man in einer solchen Situation tun?

Schritt 1: Zeit nehmen

Nehmen Sie sich ausreichend Bedenkzeit, bevor Sie eine Pro- oder Contra-Entscheidung fällen.

Sie suchen ein einfacheres Leben. Und dazu könnte es gegebenenfalls einfacher sein, eine Hürde wie das Dinner zu nehmen, anstatt sich über lange Zeit mit Vorwürfen konfrontieren zu lassen. Sie müssen keinesfalls immer sofort zu- oder absagen. Das ist auch so eine Fehlannahme, die uns anerzogen wurde: schnell sein, kurzfristig entscheiden. Es versteht sich, dass die Entscheidungszeit dem Thema angemessen sein sollte. Aber auf eine telefonische Einladung zu einem Abendessen in einer Woche kann man durchaus einen Tag später reagieren – und zwar ohne Gesichtsverlust. Wir müssen auf dem Weg zu einem einfacheren Leben sehr genau darauf achten, dass wir nicht »überrumpelt« werden. »Ich bin gerade in deiner Nähe und könnte gleich mal reinschauen« ist nett gemeint. Wenn es aber Ihren Tagesablauf final sprengt, sollten Sie darum bitten, in wenigen Minuten zurückzurufen – und zwar dann, wenn Sie das Angebot kurz abgewogen haben. Und sagen Sie dann ruhig »Nein«, wenn es wirklich nicht einfach für Sie wäre, den Termin noch einzufügen.

Auf dem Weg zu Entscheidung gibt es ein paar hilfreiche Fragen:

- Prüfen Sie genau, um was es geht. Was sollen Sie tun?
- Möchten Sie das wirklich machen oder ist Ihnen die Aufgabe unangenehm? Macht es möglicherweise überhaupt keinen Spaß und bringt es Ihnen persönlich auch keinen Nutzen?
- Was muss eventuell zurückstehen, wenn Sie die Aufgabe annehmen? Welche Priorität haben die Dinge, die warten müssten?
- Um welche Person geht es? Wer fragt bei Ihnen an? Welche Bedeutung hat die Person oder soll die Person haben?

- Welche Erfahrungen haben Sie bereits mit der anfragenden Person? Leben Sie mit der Person in einer ausgewogenen Balance? Oder handelt es sich um eine emotionale Einbahnstraße?
- Sagen Sie – selbst wenn nahestehende Personen Sie fragen – nicht mehr gleich zu allem Ja.
- Und wenn ihnen das Nein ganz besonders schwer fällt, überlegen Sie, warum das der Fall sein könnte.

Schritt 2: Hindernisse für ein Nein identifizieren

Natürlich ist es nicht leicht, Nein zu sagen, wenn der beste Freund anruft und um Hilfe beim Umzug bittet. Und zwar genau dann, wenn wir uns ein ruhiges Wochenende am Badesee vorgenommen haben. Und wenn die Großmutter zu Kaffee und Kuchen einlädt, mag ein Nein auch nicht leicht sein, obwohl man die »alten Geschichten« zum x-ten Mal hören wird.

- *Nein sagen fällt uns schwer, weil wir weiterhin geliebt werden möchten:* Die Angst nicht mehr angenommen, sondern abgelehnt zu werden, ist tief verwurzelt. Und das hat seinen archaischen Grund: Nur wer etwas in die Gemeinschaft einbringt, den anderen von Nutzen ist, kann damit rechnen, angenommen zu werden. Auch wenn wir diesen Zusammenhang als Erwachsene durchschaut haben, sind wir geradezu reflexartig so sozialisiert, dass wir eher einmal zuviel Ja sagen als einmal abzusagen. Tatsächlich sollte es ja auch so sein, dass wir unabhängig von unserer Leistungskraft gemocht werden. Schauen Sie also sehr genau hin, wer etwas von Ihnen verlangt! Sind es wahre Freunde oder Menschen, die nur nehmen und nie geben? Achten Sie unbedingt darauf, dass Sie eine ungefähre Balance erleben. Wenn Sie immer für einen anderen da sind und der andere sie öfters vergisst, dann überdenken Sie die Situation ganz grundsätzlich. Manchmal ist es sogar gut, sich von einer solchen Person im Bekanntenkreis zu trennen, die Sie nur in Anspruch nimmt und im Gegenzug nichts für Sie tut. Eine solche »Verkleinerung« des Freundeskreises kann befreiend wirken und gut tun – auch wenn man das vorher nicht erwartet.

- *»Nein« sagen fällt uns schwer, weil wir immer und überall dabei sein möchten, nichts versäumen wollen:* Wir glauben, dass Terminabsagen, dass die Ablehnung bestimmter Aufgaben uns Erlebnismöglichkeiten nimmt. Schließlich steckt ja – so denkt unser Unterbewusstsein – in jeder Aktivität eine Erlebniskomponente. Selbst das langweiligste Abendessen kann noch eine Nachricht beinhalten, die wir für relevant halten. Erlebnishunger ist ein nicht unwesentlicher Grund für fehlendes Nein-Sagen. Gewonnene Ruhephasen werden von vielen Menschen gar nicht als Gewinn verbucht, sondern eher als langweilig gesehen. Gerade viele junge Menschen leiden, wenn es mal für ein paar Stunden ruhig auf dem Handy ist, es keine Einladungen zum Wochenende prasselt. Und damit verbunden ist ein weiterer wichtiger Punkt, der uns am lebensvereinfachenden Nein hindert.
- *»Nein« sagen fällt uns schwer, weil wir unbedingt gebraucht werden möchten:* Was als »Helfer-Syndrom« abfällig umschrieben wird, hat einen ernsten Hintergrund. Viele von uns erhalten und

suchen ihre Bestätigung, indem sie unentwegt zur Unterstützung herangezogen werden. Sie genießen es, zu geben, zu helfen, mitzumachen, Gutes zu tun. Und das ist grundsätzlich nicht falsch. Wenn das eigene Zeitbudget dabei aber zu kurz kommt, sollte Einhalt geboten werden, auch wenn es schwerfällt. Zuallererst müssen wir an uns selber denken, unseren Energielevel so hoch halten, dass wir mit Leichtigkeit hier und da mal zur Hand gehen können. Das gelegentliche Nein ist dabei sicher der beste Schutz für den eigenen Körper und Geist. Wer nicht genug an sich selbst denkt, kann irgendwann nichts für andere tun.

- *»Nein« sagen fällt uns schwer, weil wir nicht als egoistisch abgestempelt werden möchten:* Oft verzichten wir aus Imagegründen auf ein Nein, das wir eigentlich aussprechen möchten. Wir möchten »gut« dastehen, nicht als herzlos abgestempelt werden. Und es ja tatsächlich nicht schön, wenn man als »egoistisch« bezeichnet wird. Kaum einer steht gerne als hartgesottener Einzelkämpfer da – und doch ist es so, dass eine kleine Portion mehr »An sich selber Denken« geradezu lebenserhaltend für uns sein kann. Sie sind nicht sicher, ob es in einem gewissen Moment als egoistisch gelten würde, wenn Sie Nein sagen? Dann ziehen Sie einen guten Freund oder Familienangehörigen zu Rate. Bitten Sie um ein offenes Wort. Und Sie werden sehen, dass man Sie in der Regel nicht als herzlos, kalt oder egoistisch abstempeln wird. Die Selbst- und Fremdwahrnehmung geht da meist ganz erheblich auseinander…

- *»Nein« sagen fällt uns schwer, weil wir Angst haben, dass wir schlimme Konsequenzen ertragen müssen:* Nein sagen birgt oft ein gewisses Konfliktpotenzial. Das Gegenüber erwartet ja meist keine Absage. Oft wird auch mit ausgeklügelten, wenngleich oft unterbewussten Strategien gearbeitet: Man versucht Sie mit Überrumpelung, Schmeicheleien, Mitleid, Schuldgefühlen oder auch Formen von Erpressung zu etwas zu bewegen, dass Ihnen eigentlich nicht passt. Gerade im Berufsleben fürchten wir oft, dass ein Nein bittere Folgen haben könnte; wir sagen gerade da – wie im Reflex – immer wieder zu, auch wenn uns die gewünschte Aktivität absehbar überfordert.

Dabei könnte ein Nein gerade in einem solchen Moment für alle Beteiligten von Vorteil sein: Was hat der Anfragende schließlich davon, wenn Sie dem Wunsch nicht mit voller Leistungsfähigkeit nachkommen, wenn Sie überfordert oder überlastet sind?

Nun plädieren wir hier nicht für ein kategorisches Nein zu allen Bitten, die einem nicht zu einhundert Prozent zusagen. In vielen Fällen kann ein nettes Ja – auch gegen die momentane Verfassung – so sinnvoll sein, dass man es »strategisch« einsetzen kann. Ein »Jasager«, der damit an seine kapazitären Grenzen geht, ist man deswegen ja noch lange nicht. Es gilt, die Konsequenzen und den Nutzen im Verhältnis zu sehen und ein Gespür dafür zu entwickeln, was man sich zumuten kann und will und wo die wirklichen Grenzen liegen.

Schritt 3: Begründet und höflich absagen

Sie sehen, dass das Nein-Sagen eine gewisse Achtsamkeit in verschiedener Hinsicht erfordert: Einerseits müssen wir sehr genau hinschauen, was mir machen wollen und können. Das ist etwa so wie beim Durchblättern einer Zeitschrift: Wir lesen die Überschriften, können nicht alles detailliert aufnehmen und suchen uns daher einzelne Artikel aus, die wir genau studieren. Andererseits müssen wir uns mit viel Gefühl in das Gegenüber versetzen: Ist das ein echter, wichtiger Wunsch, der an uns herangetragen wird? Oder werden wir mit Strategien wie Schmeichelei, Angsterzeugung oder Gruppendruck in eine Aufgabe »hineinmanipuliert«? Dann ist das Nein sicher eine mögliche Wahl.

Es hat sich in der Praxis fast immer bewährt, eine kleine, gegebenenfalls sehr offene, persönliche Begründung zu geben, wenn man eine Aufgabe oder einen Terminwunsch mit einem Nein beantwortet. Dabei geht es nicht darum, dass wir unser Innerstes nach außen kehren. Es reicht, wenn wir kurz darlegen, dass wir »uns über die Einladung sehr freuen, aber das Wochenende schon seit langem für eine wichtige Ruhephase eingeplant haben und um Verständnis bitten«. Oder wenn wir darlegen, dass wir »die Aufgabe gerne machen würden, der Zeitplan aber eine gute Arbeit leider nicht möglich macht und wir gerne gemeinsam überlegen, wie wir die Sache anders lösen«. Neinsagen ist eigentlich nicht so schwer, sondern nur ungewohnt. Und zwar oft für beide Seiten.

Entscheidend ist, dass Sie ihren eigenen Wunsch nach einer deutlichen Vereinfachung Ihres Daseins klar im Blick behalten. Sie wollen nicht noch mehr in den Alltag packen. Sie möchten – ganz im Gegenteil – fokussieren, auswählen, konzentrieren. Das Nein ist eine der besten Hilfen hierzu – und es macht wahrhaftig Sinn, sich das Wichtige herauszupicken und weniger Wichtiges einfach mal abzusagen. Dies ist keine Luxusstrategie, sondern kann ein Schutz gegen dauerhafte Überlastung und Burnout sein. Auf jeden Fall wirkt es schnell. Oft in weniger als 60 Minuten. Und darum geht es hier ja.

Einfacher leben: Beginnen und durchhalten

Jede Veränderung im Leben erfordert eine Art »Gelübde«: Das gilt insbesondere dann, wenn Sie ein paar sehr einschneidende Dinge vorhaben. Sie werden angefeindet werden, man wird Ihre Entscheidung möglicherweise ins Lächerliche ziehen oder nicht ernst nehmen. Umso wichtiger ist es, den neuen Weg der Vereinfachung mit guten Argumenten vor allem vor sich selber abzusichern. Sie werden vielleicht aus dem Golfclub austreten, weil Ihnen der Sport eigentlich keinen richtigen Spaß mehr macht oder weil Sie einfach nur aus Statusgründen Mitglied wurden. Zudem kostet der Sport sehr viel Geld und unglaublich viel Zeit. Oder Sie haben sich entschlossen, auf Fernreisen zu verzichten, um Europa besser kennenzulernen und obendrein die CO_2-Bilanz positiv zu beeinflussen. Vielleicht möchten Sie mehr Zeit mit Ihrer Familie und Ihren Freunden verbringen und planen, die Arbeitszeit deutlich runterzufahren. Notieren Sie die Argumente für sich selber und überprüfen Sie die Entscheidung sehr genau. Und dann: Halten Sie selbstbewusst durch! Schwören Sie sich auf die Entscheidung ein. Sie haben den Weg aus freien Stücken, überzeugt und genau abgewogen getroffen. Wer jetzt am Wegesrand steht und das, was Sie neuerdings machen oder unterlassen, nachhaltig in Frage stellt, zählt sicher nicht zu Ihren besten Freunden. Vereinfachung braucht gelegentlich etwas Kraft. Aber der Einsatz lohnt! Es geht um Ihr einfacheres Leben, eine höhere Zufriedenheit und viele schöne Zeiten erhöhten Glücksgefühls.

Hoffnung

Wer sich ein einfacheres Leben wünscht, steht nicht mehr alleine. Auf der einen Seite ist zwar eine weitere Beschleunigung der Gesellschaft zu sehen. Immer mehr Information, Aktion und Bespaßung wird in die knappen Zeitbudgets gefüllt. Und auch der Konsum nimmt teilweise abstruse Züge an: Während von einem durchschnittlichen US-Bürger noch vor zwei Dekaden 34 Kleidungsstücke pro Jahr erworben wurden, sind es jetzt fast 70 Teile! Ist es kälter in den USA geworden und muss nun mehr wärmende Kleidung her? Halten die Textilien nicht mehr so lange? Oder zeigt sich eine psychische Hilflosigkeit, die ein probates Ventil im Shopping gefunden hat?

Die Antwort ist klar. Und viele Menschen wissen genauso wie wir, dass es Zeit für eine bewusste Neuausrichtung ist: Sie suchen nach neuen Wegen klügeren, entschlackten Daseins.

Sie teilen zum Beispiel Autos mit fremden Menschen (Carsharing) und sorgen so dafür, dass die Innenstädte nicht weiter überlastet sind. Sie pflanzen und essen wieder ihr eigenes Gemüse (das besser schmeckt und weniger kostet) oder wählen alle paar Jahre ein Sabbatical, um mal aus dem Hamsterrad »Beruf« auszusteigen, einem Hobby nachzugehen oder ein soziales Projekt zu unterstützen. Und bemerken dabei, dass sie eigentlich mit relativ wenig Geld sehr zufrieden sein können.

Vielleicht haben auch Sie in den vergangenen 60 Minuten eine Idee entwickelt, die Ihnen hilft, etwas einfacher zu leben, etwas weniger Aufwand treiben zu müssen und etwas mehr Zeit zu haben (auch wenn sie in dieser gar nichts vorhaben!). Genau diese »Selbstreparatur« ist die nachhaltigste Methode, um umzusteigen. Auf ein Leben, dass mehr Freude macht und weniger Mühe. Das wünsche ich Ihnen sehr herzlich.

ISBN 978-3-85179-224-9

Covergestaltung: Christina Krutz, Riedstadt
Layout und Satz:
Christine Paxmann text • konzept • grafik, München
Gedruckt in der EU

www.thiele-verlag.com